DIALOGUE

ENTRE

UN ANCIEN OFFICIER

ET JACOB·····IN,

HABITUÉS DU CAFÉ DE LA RÉGENCE,

IMPRIMERIE DE MADAME Vᵉ JEUNEHOMME,
RUE HAUTEFEUILLE, N°. 20.

DIALOGUE

ENTRE

UN ANCIEN OFFICIER

ET JACOB......IN,

HABITUÉS DU CAFÉ DE LA RÉGENCE.

———

PARIS,

Chez Delaunay, Libraire, au Palais-Royal ;
Et chez les Marchands de Nouveautés.

———

1814.

DIALOGUE

ENTRE

UN ANCIEN OFFICIER

ET JACOB....IN,

HABITUÉS DU CAFÉ DE LA RÉGENCE.

L'OFFICIER. Bon jour, mon cher monsieur *In*. Il y a un siècle que nous nous sommes vus? *Jacob...in.* Je ne vous fuis cependant pas; mais je suis très-occupé, et je reste chez moi. L'*Off*. Ce n'est pourtant pas là le passe-temps d'un nouvelliste. *J....in.* Vous direz ce qu'il vous plaira, je travaille beaucoup. L'*Off*. Et à quoi? *J...in.* A soulager l'État, et à devenir juste. L'*Off*. Diable, mon ami, voici du nouveau. *J...in.* N'ai-je pas un cœur, et lorsque je vois les honnêtes gens s'occuper du bonheur et de la restauration de la France, me sera-t-il défendu de parler? L'*Off*. Vous allez vous faire imprimer. *J...in.* Vous l'avez deviné. *L'Off*. Cela sera curieux ; je vous ai converti. *J...in.* Mais oui , sur quelques points ; ces pauvres émigrés me fendent le cœur. Le discours du duc de Tarente m'a fait plus d'impression que tous vos raisonnemens. *L'Off*. Eh pourquoi, s'il vous plait ? *J...in.* Ah ! c'est que ce que l'on dit dans une grande assemblée, et qui n'est pas réfuté par des brise-raisons, fait toujours un grand effet ; d'ailleurs la Chambre des Députés n'a-t-elle pas manifesté son vœu de venir au secours de ces infortunés ; c'est le vœu du Roi, c'est celui de la Nation. *L'Off*. Je vous loue de vos bonnes intentions ; mais l'État, selon vous, est si obéré, que vous ne pouvez faire que des vœux inutiles. Allez , mon cher *In*, restez tranquille et laissez marcher les choses selon leur ordre naturel. *J...in.* Mais si , par une justice distributive, je puis un peu balancer les pertes et soulager des malheureux , voulez - vous me défendre de venir à leur secours ? *L'Off*. Vous m'étonnez. Vous ne croyez donc plus qu'on s'accoutume à se voir ruiné ? *J...in.* Vingt-quatre ans de misère sont longues à passer. *L'Off*. Mais le Gouvernement fait tout ce qu'il peut, et les impôts sont déjà assez élevés. *J...in.* Eh ! qui vous dit que je veuille qu'on les augmente.

*L'Off*r. Mais pour donner, il faut avoir, et le Gouvernement n'est pas riche. *J...in.* Je lui donnerai des moyens. *L'Off*r. Diable! mon ami, vous avez donc trouvé la pierre philosophale? Ne craignez-vous pas de passer pour un charlatan? *J...in.* Si vous voulez toujours plaisanter, je ne vous dirai rien. *L'Off*r. Allons, ne vous fâchez pas, je vais vous écouter, mais je vous ferai mes objections. *J...in.* Eh bien! tout le monde va être content. *L'Off*r. Vous me réjouissez; entrez donc en matière. *J...in.* Eh bien! à force de rêver, j'ai pensé qu'on ne pouvait pas courir deux lièvres à la fois. *L'Off*r. Vous voilà dans les proverbes comme l'ami Sancho. Mais je ne vous comprends point.

J...in. Je vais me rendre plus clair. Je crois qu'on ne peut pas avoir tout à la fois. *L'Off*r. Je ne vous entends pas davantage. *J...in.* Oh! c'est que vous m'interrompez à chaque mot. Je veux vous dire qu'on ne doit pas posséder des biens achetés à vil prix, et posséder toutes les places, et qu'il faut quelque chose pour chacun. *L'Off*r. Je commence à voir où vous voulez en venir. *J...in.* Oui, monsieur, j'ai pensé que celui qui avait acheté des biens nationaux pouvait s'occuper à les faire valoir, et que sa place pouvait être remplie par un de ces malheureux qui n'ont plus rien du tout; qui n'ont ni feu ni lieu, qui gémissent et ne peuvent élever leur famille. Alors chacun aura de quoi vivre. *L'Off^r.* C'est fort bien; mais les titulaires, qui sont accoutumés à la double aisance depuis dix, quinze et vingt ans, ne s'accommoderont pas de votre calcul. *J...in.* En s'occupant de leurs intérêts, ils augmenteront les revenus de leurs fonds. D'ailleurs ils ne seront plus obligés à aucune représentation; et puis, ne faut-il pas que chacun vive? *L'Off^r.* Vous avez bien vite changé d'opinion. *J...in.* C'est que je suis devenu juste, et que je vois que j'aurai encore de quoi vivre; je vous confesserai en secret que je suis tout honteux lorsque je rencontre le propriétaire de ma ferme, que j'achetai pour un fagot d'assignats, qui tend la main près le Parvis Notre-Dame. *L'Off^r.* Bah! il y est accoutumé. *J...in.* Vous me faites rougir de honte. *L'Off^r.* J'ai cru que vous ne rougissiez plus. *J...in.* Ami, tôt ou tard la vertu reprend ses droits, ils sont imprescriptibles. *L'Off^r.* Mais les ressources seront trop faibles. *J...in.* Pas si petites que vous le croyez. Mon cousin le commis m'a dit qu'au Domaine, aux

Droits réunis, aux Forêts, dans la Magistra-
ture, et dans le Militaire même, il y en a
prodigieusement ; enfin tous ces biens nationaux se sont répandus comme la boîte de Pan-
dore, beaucoup en ont qui n'en disent mot.
L'Off. Plus je vous entends, et moins je
reviens de ma surprise ; est-ce bien vous,
Jacob...in, qui chantez maintenant la palino-
die, vous que je croyais gangrené jusqu'à la
moelle des os ? *J...in*. Je suis descendu dans
mon propre cœur, et je me suis mis à la
place des autres, et j'ai vu, que pour en finir,
il fallait faire des sacrifices ; une place n'est
pas une propriété ; on en jouit autant que
le Roi veut ; tous ses sujets ne sont-ils pas
égaux à ses yeux ? Il ne les voit que par ceux
de la justice, car je mets de côté même la
reconnaissance qu'il doit à une certaine classe ;
c'est ce qui m'a engagé à me renfermer chez
moi, à peser mes raisons, à écrire, et à me
faire imprimer. *L'Off*. Mais la censure. *J...in*.
Elle ne mord pas sur les choses justes, sur
les idées saines, ni sur ce qui tend au bien
général. *L'Off*. En vérité, vous m'étonnez,
vous avez aujourd'hui une logique serrée ;
il est difficile de vous entamer ; cependant ce
que vous proposez est une sorte de partage

de biens. *J...in.* Les Français ne sont-ils pas tous les sujets du Roi, et par conséquent enfans du même père ? Quant aux étrangers qui sont venus pour se gorger pendant nos désastres, il est également injuste qu'ils mangent à deux rateliers. *L'Off^r.* Soit. Mais croyez-vous que les sujets que vous proposerez auront les talens requis ? *J...in.* Sans doute, si l'on fait des choix éclairés. *L'Off^r.* Mais les vieillards, les veuves, les infirmes, les enfans. *J...in.* On trouvera leurs fils ou leurs parens qui, en gérant les places, les nourriront; et ne comptez-vous pour rien de voir tarir toutes les larmes ? *L'Off^r.* Vous allez vous faire bien des ennemis. *J...in.* Je m'en moque, pourvu que je fasse des heureux. *L'Off^r.* Plus je m'entretiens avec vous, plus je reconnais que vos raisons sont solides, et cela prouvé qu'une fois qu'on entre dans les sentiers de la justice et de la raison, il est difficile de s'égarer. *J...in.* Croyez-vous mon système bon ? *L'Off^r.* Eh ! oui; mais... *J...in.* Enfin, expliquez-vous. *L'Off^r.* Dans ces acquéreurs de biens nationaux, il peut y avoir des gens de mérite; et pourquoi priver l'État de leurs services ? *J...in.* Votre raison est bonne; mais n'auront-ils pas la facilité de s'en défaire, ou de traiter avec le propriétaire ? Je connais beaucoup d'acquéreurs qui ont eu cette délicatesse sans y être forcés. *L'Off^r*. Je vais vous porter une botte que vous ne pourrez parer. *J...in*. Je vous attends de pied ferme. *L'Off^r*. Quant aux biens du clergé, comment vous en tirerez-vous ? *J...in*. Bah ! L'État qui a été spolié par des ventes dont les paiemens ont été illusoires, représentera les propriétaires antérieurs. *L'Off^r*. Mais vous attaquez les droits de propriété. *J...in*. Je fais valoir ceux d'outre-lézion; lisez le Code Civil. *L'Off^r*. Sans indiscrédition, peut-on vous demander qui vous a si bien instruit ? *J...in*. Deux grands jurisconsultes. *L'Off^r*. Faites-moi le plaisir de me les nommer. *J...in*. Ce sont la raison et la justice; j'y vois clair maintenant, avant je marchais dans les ténèbres. *L'Off^r*. Vous n'avez pas toujours pensé de même. *J...in*. C'est qu'alors je n'étais éclairé que par le flambeau de l'intérêt; maintenant que je suis un bon citoyen, je ne vois que celui de l'État, que je veux ma tranquillite et celle des autres. *L'Off^r*. Mais vous allez déprécier les biens nationaux. *J...in*. Le mal ne sera pas grand, ceux qui s'en accommoderont les garderont. Un diamant qui a une tache a-t-il le même prix qu'une pierre pure?

L'Off^r. Ma foi, mon ami, je vous croyais incorrigible ; mais je vois que je suis maintenant un petit garçon près de vous , qui êtes cuirassé de tous côtés ; cependant vous avez oublié une petite réminiscence sur les engagistes du domaine, pour appuyer vos raisons, je veux dire que par la loi du 14 ventose an 7, les anciens engagistes ont été obligés de faire leur déclaration et de payer un quart de la valeur ; ce qui prouvait même dès-lors que tous les biens n'étaient pas égaux. *J...in.* Je vous remercie de vos lumières , vous me confirmez de plus en plus dans mes dispositions. *L'Off^r*. Vous allez vous faire un nom. *J...in.* Ce n'est pas cela que je cherche. *L'Off^r*. Quoi donc ? *J...in.* Le bien. *L'Off^r*. Eh bien ! vous serez content. *J...in.* Oui ;.... mais. *L'Off.* Avez-vous encore quelque chose sur le cœur ? *J...in.* Oui, je l'avoue franchement, j'ai appris que lorsque les alliés sont entrés en France , ils ont vendu tous les bois de marine qui étaient sur les ports de nos rivières , ce qui fait un grand tort au Gouvernement, et encore un plus grand aux forêts , parce qu'il est très-difficile de remplacer ces bois. *L'Off.* Eh bien ! proposez qu'on indemnise les acquéreurs ; on en retrouvera la plus grande partie.

J...in. C'est vrai, car ils ont été donnés pour rien. L'*Off^r.* Tant mieux pour le Gouvernement, il aura moins à payer. Vous voilà content maintenant? *J...in.* Non. L'*Off^r.* Comment non, et toujours non? *J...in.* La vente des trois cent mille hectares m'afflige ainsi que celle des biens communaux. L'*Off^r.* Il faut bien vendre pour faire de l'argent, et il en faut pour payer. *J...in.* Oui, mais toutes ces ventes faites à la fois vont produire un grand mal, attendu que les émigrés qui rentreront dans leurs bois vont encore en vendre pour payer leurs dettes. L'entrée des fers va diminuer de beaucoup le prix des bois, et les biens vont tomber de valeur; on ne paiera pas la moitié de ceux mis en vente. L'*Off.* Voilà un argument auquel je ne m'attendais pas; je ne sais que répondre. *J...in.* Je connais bien un moyen, mais je n'ose vous en faire part. L'*Off.* Dites-le moi toujours. *J...in.* Vous allez rire. L'*Off.* Allons. *J...in.* Eh bien ! j'ai pensé qu'il était plus sensé de donner ces biens en paiement après les avoir fait estimer. J'ai été jeune, j'ai fait des sottises, et lorsque je vendais du bien pour payer mes dettes, on ne m'en donnait jamais que la moitié ou le tiers; les acquéreurs dévoraient le reste. *L'Off.* Vos raisons sont assez bonnes ; mais il faut élaborer vos vues. *J...in.* Soyez tranquille, ceux qui en recevront seront encore trop heureux. Si Buonaparte fut resté, eussent-ils été payés ? Toutes ces dettes sont-elles plus sacrées que les finances des anciennes charges pour lesquelles on avait déboursé de l'argent sec, et dont on a été vingt-quatre ans sans toucher un sou d'intérêt, sans compter la perte de sa fortune ? Dans les affaires, il faut mettre de côté les petites vues, sans quoi on finit toujours par accroître les embarras ; pourvu qu'il y ait une justice distributive, personne ne peut se plaindre. *J...in.* Vous me donnez du courage par vos discours, et je commence à m'apercevoir qu'on peut faire le sacrifice des trois cent mille hectares de bois avantageusement pour le bien de l'État ; qu'il ne s'agit que des dispositions et d'empêcher le gaspillage. *L'Off.* Vous commencez à voir les choses par les verres de la vérité. *J...in.* Oui ; mais..... *L'Off.* Eh mon dieu ! qu'avez-vous encore ? *J...in.* C'est que moi qui ait été un forcené Buonapartiste, et qui ne le suis plus, je voudrais bien voir l'homme de l'île d'Elbe éloigné. *L'Off.* Craignez-vous encore les revenans ? *J...in.* Je ne dis pas cela mais l'amadoue est toujours mal placé près du feu. *L'Off.* Bah ! il est culbuté pour jamais. *J...in.* Oui, les puissances en ont fait justice. *L'Off.* Dites donc aussi l'opinion, cette reine du monde, plus forte encore que les armées, l'avait anéanti d'avance ; il n'y a que des fous qui puissent être encore ses partisans ; à la première incartade qu'il ferait, on lui ferait payer cher tous les torrens de sang qu'il a versé, et les rois qu'il a humiliés et voulu détrôner ne se mêleraient pas de sa querelle qui serait bientôt terminée. *J...in.* Mais il est si fin, si astucieux. *L'Off.* Le succès lui donnait de l'audace ; les revers ont prouvé qu'il avait peu tête et peu de cœur. *J...in.* Cela est fort rassurant ; mais je n'aime pas ce voisinage. *L'Off.* Il faut laisser au temps à faire quelque chose. *J...in.* Eh bien ! n'en parlons plus ; cette forte pension qu'on doit lui payer me chagrine. *L'Off.* Oui, si on la lui paie. *J...in.* Pourquoi ne la lui payerait-on pas ? *L'Off.* Parce qu'il a laissé des dettes, et qu'il faut les payer. *J...in.* Ma foi, mon cher, vous avez toujours raison ; mais que dira le voisin ? *L'Off.* Il jurera comme à son ordinaire, s'emportera et réformera sa cuisine ; il y en a bien d'autres qui, au figuré et au moral surtout, valent mieux que lui, qui sont contraint à pareilles mesures et ne se plaignent point. *J...in.* Il y a une chose qui me fait plaisir. *L'Off.* A quoi voulez-vous en venir? Vous changez de style. *J...in.* Je veux dire que je suis enchanté de l'accord que je vois dans les troupes et dans toutes les classes des citoyens. *L'Off.* C'est encore un effet de l'opinion. *J...in.* Je commence à croire que l'opinion peut beaucoup; j'ai vu commettre bien des crimes par l'opinion et pour l'opinion. On ferait un long chapitre sur ce sujet. *L'Off.* Tout est passé, il faut faire comme le Roi, et tout oublier; c'est ensanglanter son imagination que de penser au passé. *J...in.* Vous êtes tolérant. *L'Off.* De vains regrets ne servent à rien, de tels souvenirs enveniment les cœurs sans les soulager. Au revoir. *J...in.* Adieu donc, et au lieu de faire imprimer mon travail, je vais donner au public notre conversation. *L'Officier.* *Fiat.*

FIN.